Vive les poules municipales... et les poulets municipaux

Réduire le volume des déchets alimentaires et manger des œufs de qualité

Du même auteur*

Certaines œuvres sont connues sous différents titres.

Romans

La Faute à Souchon : (Le roman du show-biz et de la sagesse)
Quand les familles sans toit sont entrées dans les maisons fermées
Liberté j'ignorais tant de Toi (Libertés d'avant l'an 2000)
Viré, viré, viré, même viré du Rmi !
Ils ne sont pas intervenus (Peut-être un roman autobiographique)

Théâtre

Neuf femmes et la star
Les secrets de maître Pierre, notaire de campagne
Ça magouille aux assurances
Chanteur, écrivain : même cirque
Deux sœurs et un contrôle fiscal
Amour, sud et chansons
Pourquoi est-il venu :
Aventures d'écrivains régionaux
Avant les élections présidentielles
Scènes de campagne, scènes du Quercy
Blaise Pascal serait webmaster
Trois femmes et un Amour
J'avais 25 ans
« Révélations » sur « les apparitions d'Astaffort » Jacques Brel Francis Cabrel

Théâtre pour troupes d'enfants

La fille aux 200 doudous
Les filles en profitent
Révélations sur la disparition du père Noël
Le lion l'autruche et le renard,
Mertilou prépare l'été
Nous n'irons plus au restaurant

* extrait du catalogue, voir www.ternoise.net

4

Stéphane Ternoise

Vive les poules municipales... et les poulets municipaux

Réduire le volume des déchets alimentaires et manger des œufs de qualité

Sortie numérique : 14 juin 2012

Jean-Luc Petit éditeur – Collection Textes courts

Stéphane Ternoise
versant
lotois :

http://www.lotois.fr

Tout simplement et logiquement !

Le 20 juin 2002 fut déposé à la sacem "les poules municipales", un texte rapidement mis en musique et rarement interprété par Pierre Galliez. Une chanson qui voulait faire rire et réfléchir.

Pour éliminer les déchets alimentaires, préférez les poules municipales aux incinérateurs, et naturellement n'oubliez pas d'élever quelques poulets...

Présentée sur internet, cette chanson suscita peu de réactions.

Mais quand, le samedi 10 avril 2010, Philippe Abiteboul, dans l'*Inter-treize*, sur *France Inter*, lança un reportage sur la ville de Mouscron, en Belgique, où la municipalité offrait deux poules aux administrés qui le souhaitaient, afin qu'elles mangent justement les déchets ménagers... un instant d'euphorie m'envahit : j'avais écrit un texte visionnaire !

J'essayais de le relancer mais aucun retour. Les idées simples sont parfois très difficiles à imposer.

Dix ans après mon texte, une petite commune de la Sarthe, Pincé, 200 habitants, va (enfin) inaugurer en France le modèle et offrir, elle aussi, deux poules pondeuses aux foyers du village intéressés.

Mon approche reste nettement plus ambitieuse... Et nécessite un peu de volonté politique, avec l'incitation financière d'une baisse de la redevance "poubelle" associée à la diminution des déchets. Je vous livre le concept, avec quelques photos de mes poules et poulets... Manger des œufs de qualité, ça vous tente ? Plus que la diminution des déchets, le critère de la qualité des œufs peut briser quelques réticences envers un vrai retour à la nature nourricière. La préoccupation du manger vrai me semble plus importante que celle d'obtenir une qualité d'image supérieure sur un écran télé...

Stéphane Ternoise
http://www.mangervrai.net

Peut-être écologiste
http://www.verts.info

Les poules municipales

Il est sûrement des rapprochements
Que les élus
Préfèrent trouver farfelus
Mais les idées originales
Ont l'avenir mondial

Ainsi d'un côté
Des tonnes de déchets
Déchets alimentaires
Dont on ne sait que faire
Qu'il faut bien détruire
On n'peut pas tout enfouir

Pendant ce temps-là
Dans nos magasins
On vend pour presque rien
Des œufs qu'une poule fermière
N'oserait pas sortir
De son petit derrière

Il est sûrement des rapprochements
Que les élus
Préfèrent trouver farfelus
Mais les idées originales
Ont l'avenir mondial

J'exige un décret
Gouvernemental
Une mesure radicale
Pour le bien des cités
Il faut instaurer
Les poules municipales

Les restes de salades
Les restes de grillades
Tout va à la brigade
Des poules municipales
Tout est recyclé
Plus besoin de brûler

Il est sûrement des rapprochements
Que les élus
Préfèrent trouver farfelus
Mais les idées originales
Ont l'avenir mondial

Où les installer
On va me d'mander
Dans chaque commissariat
Y'a bien un p'tit local
On pourrait mettre là
Les poules municipales

J'exige un décret
Gouvernemental
Une mesure radicale
Pour le bien des cités
Il faut instaurer
Les poules municipales

Il est sûrement des rapprochements
Que les élus
Préfèrent trouver farfelus
Mais les idées originales
Ont l'avenir mondial

Naturellement, la chanson relève du résumé. Pourtant, presque tout est dit... pour qui sait lire entre les notes. Des poules municipales dans chaque commissariat, où vous passez le matin, avec vos restes, et repartez parfois avec des œufs (distribution équitable ; quant il s'agit des œufs, la notion de distribution équitable doit pouvoir se mettre en place sans manifestations de Bastille à Nation). Un vrai travail de police de proximité, monsieur François Hollande !

Mais dans la vraie vie, d'autres emplacements pourraient accueillir des poulaillers : écoles (quel plaisir pour les enfants), collèges (le plaisir sera moindre !), offices de tourisme, mairies, conseils généraux, conseils régionaux, permanences des partis politiques, directions départementales de l'équipement (les employés rapporteront un peu de l'herbe coupée au bord des routes), casernes des pompiers, associations...

Naturellement, des oppositions jailliront, avec accusations de mauvaises odeurs et autres nuisances, genre gratter les parterres de fleurs, se sauver ou s'envoler chez les voisins, jusqu'à la crainte des épidémies. Nous ne sommes plus au dix-neuvième siècle ! Nous avons les moyens d'acheter des œufs ! Laissons ce travail de production aux industriels habitués à respecter les normes et soucieux de notre santé avec une conscience professionnelle exemplaire !
Tout le monde a entendu parler de ces histoires de néo-ruraux allergiques aux chants des coqs au point de demander à la justice leur éradication !
Comme si les voitures ne causaient pas de plus graves nuisances ! Et les ondes des portables ou du wifi ?

Des poules et des poulets municipaux car l'auteur de la campagne sait bien que la majorité des citadins manquent d'espace. Une poule dans un salon ou la chambre d'amis ? Je regrette qu'à la campagne, les poules et poulets deviennent rares. La « grippe aviaire » a ainsi convaincu de nombreux foyers d'arrêter cet élevage mais il s'agit d'une vague plus profonde : les volailles figurent parmi les contraintes que la modernité peut nous éviter. C'est bien plus pratique d'acheter des œufs au supermarché. Des œufs « de la ferme ». Expression toujours suivie d'un sourire : une « ferme », avec des poules « élevées en plein air » mais avec des milliers d'œufs quotidiens... est-ce vraiment des œufs pondus « à la ferme » ?

Quant à l'incitation fiscale, ici, dans le Lot, poule ou pas poule, les poubelles sont au même prix.

Quelle tristesse de jeter les épluchures de légumes, le pain dur, les restes de repas... même ici, à la campagne ! Quelques vacanciers, parfois, ont le réflexe d'apporter "aux bêtes" un sachet rempli...

Ségolène Royal rêve vraiment du perchoir ? Elle aura peut-être du temps libre pour s'occuper des poules ? J'avais préparé quelques questions pour Sylvia Pinel quand, néo-ministre déléguée au commerce, à l'artisanat, et au tourisme, elle passa à Montaigu-de-Quercy mais "exceptionnellement", trop prise, attendue à Lauzerte, elle ne pouvait s'astreindre à répondre à son cher public. J'ignore donc si la jeune femme, introduite en politique par Jean-Michel Baylet (elle fut sous son aile au Conseil Général du Tarn-et-Garonne), aurait été sensible à ces histoires de poules.

Il te faut une personnalité en quasi retraite ! Qui parmi les vétérans des ministères pourrait suivre le chant des poules et poulets ? DSK ? Jack Lang ? Frédéric Mitterrand ? Une écologiste ? Dominique Voynet ?

Mouscron ? 52.000 habitants.
De l'autre côté de la frontière, en Belgique, à quelques pas de Tourcoing ou Roubaix.
Il a suffi d'une dépêche de l'AFP pour lancer le buzz des poules de Mouscron, en 2010... Pourtant, depuis 2005, la municipalité tentait de réduire ses déchets en offrant des poules ! Oh ! Pouvoir de l'AFP, suivie par « nos grands médias. »
Vraiment suivie... nombreuses similitudes entre les articles. Heureusement, une partie de la presse belge est accessible ! Il s'agissait de la troisième distribution de gallinacées.
Quelles règles ? Disposer d'un jardin permettant d'installer un petit
poulailler, suivre deux heures de formation sur le nettoyage et l'alimentation, signer une charte de bonne conduite (interdit de tuer les volailles avant deux ans).
Mouscron est désormais « la ville de la poule »... selon certains chroniqueurs.

Deux poules ? Une blanche et une noire ?

2012 : un village en France... suit l'exemple. Enfin !

Alors que Montcuq a cherché le buzz en invitant *le jeu des 1000 euros*, Pincé, dans la Sarthe, va offrir, en septembre, des poules pondeuses aux foyers du village intéressés. Le budget ne risque pas d'être élevé : Pincé, 200 habitants, Pincé, village situé en zone d'élevage du poulet de Loué.

La communauté de communes ayant décidé de créer une redevance incitative sur les ordures, la mairie de Pincé aurait suivi la « blague » de copier le modèle belge. Et les médias ont embrayé. Heures de gloire pour le village. Eh oui, une poule ingurgite environ 150 kilos de déchets organiques par an... et produit 200 œufs...

36000 communes et France et depuis 2010, une seule a vraiment réfléchi à la place des poules dans la chaîne alimentaire. Je viens d'une ferme, et j'ai reproduit une mini ferme où les gallinacées prédominent. L'idée de jeter me dérange, tout comme celle de manger des œufs de poules nourries "je ne sais comment."

Mouscron, à 51 kilomètres de Vieux-Condé où Pierre Galliez vivait en 2002.

Mouscron, à 30 kilomètres de Lille où il enregistra son premier et malheureusement dernier CD.

Pierre Galliez, mes relevés sacem le confirment, a parfois chanté « les poules municipales » en public. Alors, imaginons dans son maigre public, la présence attentive d'une personne de Mouscron...

Non ? Impossible que ce texte de 2002 soit à l'origine des poules de Mouscron en 2005 ?... J'aimerais un jour apprendre que l'histoire se déroula ainsi. L'AFP honorerait cette information d'une dépêche ?... De Galliez à gallinacées...

Conséquence de nouvelles normes européennes, le prix des œufs augmente.

Depuis le 1er janvier 2012, parquer les poules pondeuses dans des cages entièrement grillagées est interdit. Chaque poule a droit à 750 centimètres carrés contre 550 précédemment. 750 centimètres carrés ne laisse guère d'espace pour voler ! C'est juste un peu plus grand qu'une feuille A4 : 29.7 * 25.25 par exemple. Les élevages industriels maudissent pourtant cette norme. Ils ne sont pas aux normes ! Et la transformation coûterait 25 euros par poule... immédiatement répercutés sur le prix des œufs.

Il se vend en France 15 milliards d'œufs chaque année... dont 5 % en bio, 15 % en « alternatifs » (plein air ou élevage au sol) et donc 80 % d'élevages hors sol avec des cages superposées sous lumière artificielle.
Un code en rouge est inscrit sur l'œuf :
- 0 : plein air bio
- 1 : plein air
- 2 : au sol
- 3 : en cage.

La misère ! Des poulaillers réapparaissent même dans les jardins de banlieues. Je veux bien, que certains plantent des patates et des tomates mais élever des poules ! Bientôt des voleurs de poules courront de nouveau les rues. Plutôt aller aux Restos du Cœur !

Oui ? Si les restos du Coeur offraient deux poules à chaque inscrit, combien finiraient immédiatement en bouillon ? Coluche, revient ! C'est l'histoire d'un mec qui m'a proposé de donner des poules plutôt que du blanc de poulet sous cellophane !

Ce n'est pas qu'une question de petites économies, c'est aussi une question de qualité de vie. Naturellement, pour certains, la qualité de vie consiste à ne pas s'embêter avec des volailles. Pour moi, il s'agit de manger correctement.

Peu importe la raison, qu'elle soit économique (les œufs gratuits) ou écologique (les poules se nourrissent des déchets), quand vous aurez goûté aux "vrais œufs" vous ne supporterez plus "les autres." Le bon sens !

Un poulailler... un vieux bâtiment c'est parfait, un abri de jardin aussi. Mais vous pouvez le construire. Placez des perchoirs, genre une vieille échelle, des tréteaux. Des pondoirs, les nids (une caisse, un cageot, avec quelques poignées de foin). Trouvez de la paille ou du foin aussi pour le poulailler... Vous pouvez le ramasser au bord des routes au printemps !

Vos poules resteront dans le poulailler ou sortiront ?

L'abreuvoir, de préférence protégé des déjections (mais un bassin pour quelques poules peut suffire, si vous le nettoyez régulièrement), une mangeoire, mieux vaut les placer dehors si vous pouvez procurer à vos bêtes un espace herbé. Dans ce cas, coupez une aile... pour éviter qu'elles s'envolent. Et Clôturez leur espace... pour éviter qu'elles se sauvent, se fassent écraser, s'attaquent au potager des voisins...

Ne vous embêtez pas avec les programmes nutritifs, une exigence d'alimentation complète et équilibrée ! Certains prétendent par exemple que limiter l'apport au blé est insuffisant, qu'il faut des vitamines et des coquilles d'huîtres broyées ! Je donne du blé, et de l'orge. Jamais le moindre aliment "poule pondeuse" n'est entré ici ! Je préfère posséder plus de poules que de les activer à la ponte. Quant aux médicaments, le vinaigre dans l'eau une fois par mois suffit. Et si une poule est malade, inutile de l'emmener chez le vétérinaire : mieux vaut la mettre à l'écart pour qu'elle ne se fasse pas frapper et laisser la nature faire, soit elle s'en sortira avec le vinaigre soit son heure était venue...

Si elles peuvent gratter la terre, les poules seront heureuses. Elles apprécient les graviers, les escargots... Et surtout les restes de nos assiettes, le pain, les légumes même limités aux épluchures, la viande, la salade...

Si vous n'avez que deux poules, les restes d'un foyer devraient suffire.

Deux poules ou une basse-cour ?

Dans ce cas, ne dépassez pas un coq pour huit poules.

Les poules sont des bêtes propres : elles se nettoient...

Les vieilles pommes, vous les jetez ?

Une dinde s'entend très bien avec les poules et poulets...

Une oie également :

L'abreuvoir, où l'on retrouvera souvent l'oie, ici avec le plus beau des coqs du quartier :

On parle de poulets de trois à dix mois (avant poussins). Si le poulet ne passe pas à la casserole, il devient un coq. Mais l'on continue souvent, à la campagne, à l'appeler poulet !

La guerre des coqs engendre des combats, qui laissent des traces sur les crêtes. Rapidement, un dominant s'impose.

Une poule naine

Parfois les poules couvent encore. Et naissent quelques poussins...

Mais le plus souvent, même ici, les poussins naissent dans une couveuse.

Les œufs ne se ressemblent pas ! Etonnant ?

Taxe ordures ménagères

Il faut bien aller un peu plus loin, politiquement. Où les pauvres "écologistes" payent pour les riches pollueurs !

Les taxes foncières... On croit dans les campagnes que les communautés de communes sont destinées à faire payer les ruraux pour financer le prestige et l'attractivité des villes...

Rubrique : *taxe ordures ménagères*.

Certains pourraient nous rétorquer qu'on paye peu pour la visite d'un camion-poubelles.
Et ils débordent souvent les conteneurs verts et gris !
Qui jette autant ? Ceux qui consomment le plus, forcément...
La taxe est-elle proportionnelle aux déchets balancés ? Non !

Certaines contrées ont instauré un tel paiement... supplémentaire... et il s'agit plus d'une usine à gaz augmentant encore les prix pour tous (ne les baissant pour personne) !

Taxe ordures ménagères... lire au verso :

« Taxe d'enlèvement des ordures ménagères (TEOM)

Les communes ou groupements peuvent instituer une taxe destinée à financer le service d'enlèvement des ordures ménagères. La taxe porte sur toutes les propriétés soumises à la TFPB [taxe foncière des propriétés bâties] ou qui en sont temporairement exonérées. Sauf délibération contraire des communes ou de leurs groupements, les locaux situés dans la partie de la commune où ne fonctionne pas le service d'enlèvement des ordures ménagères sont exonérés de cette taxe.

Les communes et leurs groupements peuvent décider de plafonner les valeurs de chaque local à usage d'habitation, dans la limite d'un montant qui ne peut être inférieur à deux fois le montant de la valeur locative moyenne communale des locaux d'habitation.

Les personnes exonérées pour leur habitation principale restent imposables à cette taxe.

Les fonctionnaires ou les employés civils et militaires logés dans des bâtiments appartenant à l'état, aux collectivités territoriales ou à certains établissements publics, sont redevables nominativement de cette taxe.

Pour les immeubles loués, la TEOM, à l'exclusion des frais qui lui correspondent, peut être récupérée par les propriétaires auprès des locataires (article 23 de la loi du 6 juillet 1989). Si nécessaire, vous pouvez vous adresser au centre des finances publiques indiqué au recto pour obtenir le détail des cotisations par local.

Les communes ou groupements de communes peuvent instituer une part incitative de la TEOM qui s'ajoute à la part fixe déjà existante. Chaque année, pour chaque local imposé, le montant de la part incitative est égal à la quantité de déchets produits l'année précédente multipliée par un tarif.»

Ma taxe ordures ménagères...

Propriétés bâties :
Taux 2013 : 12,25%
Taux 2014 : 12,25%

Propriétés non bâties :
Taux 2013 : 39,30%
Taux 2014 : 39,00%

Sachant qu'il me faut désormais marcher près d'un kilomètre pour atteindre un endroit où demeurent des conteneurs, je vais demander mon exonération de cette taxe, arguant du passage « *Sauf délibération contraire des communes ou de leurs groupements, les locaux situés dans la partie de la commune où ne fonctionne pas le service d'enlèvement des ordures ménagères sont exonérés de cette taxe.* »
Je doute qu'il y ait une délibération de la commune... car personne n'a sûrement jamais lu le texte repris ici !

Mais aucune trace d'un lien entre la production de déchets et le prix payé.
Peu importe même le nombre de pollueurs par foyer : une taxe basée sur l'évaluation foncière !

Certes, "les riches" possèdent le plus souvent une propriété évaluée à des niveaux plus élevés que "les pauvres" mais les célibataires se prennent de plein fouet cette taxe.
Juste ? Incitatif à polluer moins, à donner au chien les os, aux poules les autres restes alimentaires ?

Un coup d'œil sur le Syded du lot... c'est « notre organisme des poubelles. » Créé en janvier 1996

« La gestion des déchets comporte 2 volets tout aussi importants : la collecte et le traitement.

Sur le Lot, ces deux fonctions ont été dissociées et sont assurées par des structures distinctes.

34

1. La collecte des conteneurs (verts et marron) est effectuée par les collectivités adhérentes au SYDED.
2. Le traitement des déchets collectés est pris en charge par le SYDED.
Néanmoins, il joue un rôle dans l'harmonisation des systèmes de collecte à l'échelle du département. »

Plus loin : « Le financement du service

Les usagers paient la totalité du service "collecte + traitement" sous forme de taxe ou redevance d'enlèvement d'ordures ménagères (TEOM ou REOM) aux collectivités chargées de la collecte. Celles-ci versent une partie correspondant au "traitement" au SYDED, qui leur facture les prestations réalisées sur la base des tonnages apportés (bacs marron et verts) ou de la population desservie (accès déchetterie).

Le SYDED facture aux collectivités chargées de la collecte les prestations de traitement sur la base de tarifs, votés chaque année par les élus. Ces tarifs correspondent au coût du service rendu.
Son financement est complété par des recettes provenant des "soutiens d'Eco-Emballages et des ventes de matériaux recyclables", ainsi que par des prestations hors département, des services aux professionnels et l'excédent reporté de l'année précédente. »

Rubrique « Résultats 2013 :

Quantité totale de déchets traités : 119 059 tonnes (119 417 t en 2012), dont 111 617 tonnes de déchets produits dans le Lot
et 9 510 tonnes de déchets (recyclables) proviennent de collectivités hors du département. »

La "poubelle lotoise" (par personne, sur l'année) serait de 569 kilos. J'ai l'impression de rejeter nettement moins…

Vos observations vos questions

Vos observations, réactions, compléments d'informations, questions et même corrections : http://www.poussin.info

Ce site existe depuis quelques années mais il m'a manqué le temps pour présenter l'élevage des poussins. Ce livre m'oblige donc à y travailler un peu en offrant un forum.

À 25 ans, Stéphane Ternoise a quitté le confortable statut de cadre en informatique (qui plus est dans le douillet secteur des assurances), pour se confronter à son époque, essayer de vivre de sa plume en toute indépendance. Il redoutait de finir pantin d'un grand groupe où même les maisons historiques peuvent se retrouver avec Jean-Marie Messier ou Arnaud Lagardère comme grand patron.

Stéphane Ternoise est auteur-éditeur depuis 1991, devenu spécialiste de l'auto-édition professionnelle en France. Il créa « logiquement » http://www.auto-edition.com en l'an 2000, une activité alors quasi absente du web !

Son éclairage sur l'univers de l'édition française a rapidement suscité quelques difficultés, dont une assignation au Tribunal de Grande Instance de Paris, en juin 2007, par une société pratiquant le compte d'auteur, finalement déboutée en septembre 2009.

Dans un relatif anonymat, avant la Révolution Numérique, l'auteur lotois a néanmoins réussi à publier 14 livres en papier, à continuer en vivant de peu. Depuis 2005, ses livres étaient également en vente, marginale, en version numérique. Il s'agissait d'abord de simples PDF.

L'auteur-éditeur a consacré l'année 2011 à la réalisation de son catalogue numérique, publiant ainsi ses pièces de théâtre, sketchs et textes de chansons en plus des romans, essais et recueils adaptés aux formats epub et Mobipocket Kindle...

La multiplication des questions et l'information approximative balancée sur de nombreux blogs par de néo-spécialistes de l'auto-édition autopublication, l'ont décidé à écrire sur cette révolution de l'ebook. Le guide l'auto-édition numérique est ainsi devenu son web best-seller !

Depuis octobre 2013, et son « identifiant fiscal aux États-Unis », son catalogue papier tend à rattraper celui en pixels.

Il convient donc de nouveau d'aborder l'auteur sous le biais de l'œuvre. Ainsi, pour vous y retrouver, http://www.ecrivain.pro essaye de fournir une vue globale. Et chaque domaine bénéficie de sites au nom approprié :

http://www.romancier.org
http://www.parolier.org

http://www.essayiste.net

http://www.dramaturge.fr
http://www.lotois.fr

Vous pouvez légitimement vous demander pourquoi un auteur avec un tel catalogue ne bénéficie d'aucune visibilité dans les médias traditionnels. L'écriture est une chose, se faire des amis utiles une autre !

Vive les poules municipales... et les poulets municipaux

Réduire le volume des déchets alimentaires et manger des oeufs de qualité

Mentions légales

Tous droits de traduction, de reproduction, d'utilisation, d'interprétation et d'adaptation réservés pour tous pays, pour toutes planètes, pour tous univers.

Site officiel : http://www.ecrivain.pro

Dépôt légal à la publication au format ebook du 14 juin 2012.

ISBN-13: 978-1505225310
ISBN-10: 1505225310
Imprimé par CreateSpace, An Amazon.com Company pour le compte de l'auteur-éditeur indépendant.
livrepapier.com

Vive les poules municipales... et les poulets municipaux - Réduire le volume des déchets alimentaires et manger des œufs de qualité de Stéphane Ternoise